ACADÉMIE DELPHINALE

UN VOYAGEUR DAUPHINOIS
RESTÉ INCONNU

ANTOINE DE BRUNEL
SEIGNEUR DE ST-MAURICE-EN-TRIÈVES

(1622-1696)

PAR

M. Ch: REVILLOUT

Professeur à la Faculté des Lettres de Montpellier
Membre correspondant de l'Académie Delphinale

GRENOBLE
IMPRIMERIE GABRIEL DUPONT
Rue des Prêtres, 4

1880

In the interest of creating a more extensive selection of rare historical book reprints, we have chosen to reproduce this title even though it may possibly have occasional imperfections such as missing and blurred pages, missing text, poor pictures, markings, dark backgrounds and other reproduction issues beyond our control. Because this work is culturally important, we have made it available as a part of our commitment to protecting, preserving and promoting the world's literature. Thank you for your understanding.

EXTRAIT DU BULLETIN DE L'ACADÉMIE DELPHINALE

3e Série, tome XV, 1879.

---

776. — Grenoble, impr. G. Dupont, rue des Prêtres, 4.

UN VOYAGEUR DAUPHINOIS RESTÉ INCONNU

ANTOINE DE BRUNEL

SEIGNEUR DE ST-MAURICE EN TRIÈVES

(1622—1696)

Parmi les relations composées sur l'Espagne, au milieu du XVIIe siècle, une des plus estimées est celle qui a pour titre : *Voyage d'Espagne curieux, historique et politique, fait en l'année 1655*. On l'attribue généralement au hollandais Aerssen de Sommelsdyck. Et cependant j'ai trouvé sur la garde d'un exemplaire de ce livre une déclaration expresse portant qu'il était l'œuvre d'un gentilhomme protestant du Dauphiné, nommé Antoine de Brunel, seigneur de St-Maurice. Et, d'un autre côté, il m'est arrivé entre les mains un manuscrit, petit in-quarto de 137 feuillets, contenant le journal d'un voyage en Italie, dont celui d'Espagne n'est évidemment que la continuation, et ce manuscrit, dans lequel il est fort souvent question de Brunel, est, sans aucun doute possible, de la main de Sommelsdyck.

Cette dernière découverte, en piquant ma curiosité, m'a donné l'envie de connaître d'abord quel était cet Antoine de Brunel, qu'une prescription de deux siècles a privé devant la postérité de ses droits d'auteur, et puis, quelles avaient été ses relations avec Aerssen, l'heureux possesseur de sa renommée littéraire.

C'est le résultat de cette double recherche que j'ai l'honneur de soumettre à l'Académie Delphinale.

I.

Antoine de Brunel naquit en Dauphiné le 22 juillet 1622 (¹). Il était le second fils de Jean de Brunel, sieur de Rhodet, et de Madeleine de Soison, et appartenait à cette petite noblesse du Trièves que les guerres civiles et religieuses du XVIe siècle tirèrent un moment de l'obscurité. Son grand père, Claude de Brunel, était châtelain de la ville de Mens, quand Lesdiguières, au début de sa prodigieuse fortune, vint faire de cette bourgade perdue dans les Alpes, une des capitales de sa royauté des montagnes (²). Claude avait été un des premiers à prendre les armes pour la cause protestante (³).

(¹) C'est lui-même qui fournit cette date dans un projet de testament, contenu dans son carnet de compte. Ce carnet est, avec une partie de ses papiers et de ses livres, passé dans la bibliothèque de feu M. le conseiller Calixte Accarias, dont la famille est originaire de Lalley, un des villages qui formaient la seigneurie de St-Maurice en Trièves.

(²) Sur l'importance du Trièves pendant les guerres de religion, voir une note que j'ai lue à la Sorbonne en avril 1866, intitulée : *Une page de l'histoire des guerres de religion, tirée des minutes d'un notaire dauphinois* (p. 177 et suiv.).

(³) Guy-Allard, *Dict. du Dauphiné*, au mot *Brunel*, t. I, col. 194. — Chorier, *Hist. abr. du Dauphiné*, t. II, p. 203.

Mais il n'avait pas été le seul de sa famille à quitter les occupations pacifiques : son frère, Jean de Brunel, qui se faisait appeler Jean de Lalley ([1]); son beau-frère, Guillaume Vulson, notaire d'un tout petit hameau dans la paroisse de Saint-Jean-d'Hérans ([2]), avaient également saisi l'arquebuse. Tous trois se montrèrent vaillants soldats, puis chefs intrépides, et ne tardèrent pas à se distinguer parmi les capitaines que Lesdiguières formait à son école. Expéditions périlleuses et rapides à travers d'inaccessibles défilés, camisades accomplies en une seule nuit, surprises de châteaux en plein jour, négociations difficiles, rien ne coûtait à leur courage et à leur fidèle dévoûment. Mais, à l'exemple de leur chef, ils savaient aussi ne pas s'oublier eux-mêmes et mener de front leurs petites affaires avec la grande affaire de la Réforme. C'est ainsi qu'en 1573, Claude saisit l'occasion de reprendre la terre patrimoniale de Saint-Maurice, dont un de ses cohéritiers, qui était en même temps son créancier, l'avait évincé quelques années auparavant, par autorité de justice ([3]). Claude Pellat, notaire de Mens, qui la possédait en vertu d'un arrêt du Parlement, était devenu, quoique protestant, suspect à Lesdiguières. Il était accusé d'avoir des intelligences avec les catholiques, une attaque à l'improviste le mit sur le carreau ([4]), et Claude Brunel, en rentrant dans ce

---

([1]) Guy-Allard, *ibid.*, au mot *Guerres*, t. I, col. 630.

([2]) C'était le grand-père du célèbre Héraldiste, Marc Vulson de la Colombière. Il avait épousé Catherine Brunel.

([3]) Voir Mss Guy-Allard, *Description hist. et top. du Dauphiné*, tom. 1, fol. 153 (Bibl. publique de Grenoble).

([4]) L. Videl, *Hist. du connétable de Lesdiguières*, 3ᵉ éd., Grenoble, Jean Nicolas. 1650, in-12, livre I, ch. 8, p. 34.

château qui commandait la route de Grenoble en Provence par la Croix-Haute eut la double satisfaction de servir à la fois les intérêts particuliers de sa maison et les intérêts généraux du parti calviniste (¹). Tant que dura la guerre, l'habile châtelain de Mens, qui n'était pas moins adroit dans les négociations que courageux dans les combats, fut une espèce de personnage (²). Mais son importance, avec celle de la plupart de ses compagnons. s'évanouit à la paix de Nantes. Mens, en cessant d'être une des résidences de Lesdiguières, redevint une chétive villette des montagnes, et ses habitants, nobles ou roturiers, retombèrent dans l'existence obscure et languissante dont ils étaient sortis pendant un quart de siècle de lutte religieuse. Quelques-uns, il est vrai, favorisés par les circonstances, conservèrent des grades élevés dans l'armée de Lesdiguières, devenue l'armée du roi. De ce nombre était le propre frère de Claude, Jean de Brunel, seigneur de Lalley et de Cognet, qui devint mestre de camp, servit avec distinction sous

---

(¹) Claude Brunel rentra en possession, mais la question juridique ne fut pas vidée et la terre de Saint-Maurice continua à être disputée entre les Brunel et les descendants de Claude Pellat. Ce Claude Pellat, mis à mort par Lesdiguières, avait combattu à Jarnac pour la cause protestante. Son testament, daté du 24 mars 1569, onze jours après la bataille, est dressé par Seguin, notaire de Xainctonge. (V. un inventaire du 27 mai 1652, fait par Jean Arthaud, notaire de Saint Jean-d'Hérans. — Etude de M⁰ Ferrier, notaire à Mens).

(²) Il fut gouverneur d'Exiles, après que Lesdiguières eut enlevé ce fort à Borel-Ponsonas. Ce Borel était le beau-frère de Claude, dont les persuasions, dit Chorier, hâtèrent la reddition de la place. Cf. Chorier, *Hist. abr. du Dauphiné*, tome II, p. 203.

Henri IV et sous Louis XIII dans les guerres de Languedoc et de Gênes (¹) et ne termina sa carrière qu'en 1636 (²). D'autres entrèrent dans la Chambre de l'Edit ou se firent un nom au barreau de Grenoble, plusieurs même trouvèrent des places dans les finances. Mais la plus grande partie des anciens soldats de la Réforme resta dans la montagne. Les roturiers retournèrent à la charrue ou reprirent leurs métiers; quant aux nobles, pauvres et besogneux pour la plupart, et condamnés par le ruineux privilége de leur naissance à vivre noblement, c'est-à-dire dans l'oisiveté, ils eurent souvent à regretter, au milieu des soucis mesquins de cette nouvelle vie, les privations et les nobles hasards de leur vie passée. Leurs enfants furent plus à plaindre encore. Les misérables affaires de communautés villageoises, les intérêts infimes de pauvres églises, telle était la carrière ouverte à leur activité; des plaisirs grossiers, gênés d'ailleurs par l'esprit austère de la Réforme, et néanmoins ruineux pour leur maigre patrimoine, étaient leur seule distraction. Sans cesse en quête d'expédients pour entretenir leur ménage, pour doter leurs filles qu'ils s'estimaient souvent heureux de marier à des gens de métier ou bien à des paysans, pour équiper un

---

(¹) Cf. Chorier, *ibid.*, p. 252 et 253.

(²) Il signe le 24 juin 1636 une obligation en faveur d'Alexandre de Bardonenche (reçue D. Rey, notaire de St-Jean-d'Hérans, chambre des notaires de Grenoble). — Cependant il est appelé défunt dans un arrêt de 1625, *Invent. des Arch. de l'Isère*, B. 621. Le Jean de Brunel, sieur de Cougnet et de Lalley, dont il est question dans l'acte de D. Rey, serait-il son héritier, Jean Eschaffin, qui prend le nom de Brunel dans un acte du 20 janvier 1650, reçu Patras, notaire de Grenoble (Ch. des notaires)?

peu convenablement leurs fils quand le roi les appelait
à son service, ils usaient leur esprit et leur énergie à se
débattre et à s'ingénier contre des difficultés de tous les
instants. Telle avait été, en particulier, la triste condition
des enfants de Claude de Brunel ([1]). César, son fils aîné,
était mort quelque temps après lui, mais Jean, fils de
César, s'était vu contraint par ses embarras pécuniaires,
d'engager en partie la terre patrimoniale de la famille,
et, fin singulière en vérité pour le petit-fils d'un partisan calviniste, s'était fait capucin dans un couvent de
Grenoble ([2]).

Jean, père d'Antoine et second fils de Claude, n'avait
pas moins que son neveu vécu continuellement dans la
gêne et la misère. Il avait d'abord servi comme capitaine
de cent hommes de pied dans les troupes du duc
de Savoie ([3]); mais, en 1618 il avait quitté pour se marier la profession des armes ([4]), et dès lors il était retombé dans la vie oisive et toujours gênée, à laquelle
étaient fatalement condamnés la plupart des nobles de

([1]) Claude mourut en 1607. Il testa le 27 octobre 1604. Voy. deux
actes du 31 mars 1642 et du 16 août 1658, reçus Patras, notaire
de Grenoble.

([2]) Actes Patras du 16 août 1658.

([3]) Il fit son testament le 5 décembre 1616 (Jean Charrue, notaire
de Mens), avant de s'en aller à la guerre du Piémont. — Chorier,
Estat polit., t. III, p. 144, et la Chenaye Desbois, 3ᵉ édition, t. IV,
p. 180, le font gouverneur d'Exiles. Ne le confondent-ils pas avec
son père ? De leur côté, MM. Haag l'ont pris pour son oncle Jean,
seigneur de Lalley, *France protest.* art. *Claude de Brunel*.

([4]) Il se maria au mois de janvier 1618. Procuration donnée par
sa mère Elisabeth Borel pour consentir à ce mariage et reçue par
Jean Charrue le 10 janvier 1618.

ces pauvres cantons. Un jour même il s'était trouvé si mal dans ses affaires, que pour n'avoir pu payer depuis neuf ans une rente de vingt livres, il avait été mis en prison, à la requête des Bernardines réformées du monastère de Sainte Cécile (¹). Enfin le fils aîné de ce gentilhomme toujours obéré, François de Brunel, achevait de ruiner sa famille par sa mauvaise conduite; tantôt il mettait en gage les diamants de sa mère, tantôt il maltraitait ses parents; plusieurs fois même il avait voulu attenter à leurs jours (²).

Heureusement Antoine arrêta la déconfiture de sa maison.

Il avait été, je ne sais par quelle favorable circonstance, envoyé dans les Pays-Bas pour y faire ses études. Il y apprit les langues anciennes, et même le français, dont ses maîtres, par une méthode assez bizarre, mais alors fort usitée, lui dictèrent la grammaire en latin (³).

(¹) Acte du 14 juillet 1643, reçu Montaigne, notaire de Grenoble (Et. de Mᵉ Buquin). Il est probable que Jean Brunel devait cette rente aux religieuses par suite d'un arrangement avec sa cousine germaine du côté maternel, Louise Borel de Ponsonas, fondatrice du monastère de Sainte Cécile. Voy. *La Vie de la mère de Ponçonas*, Lyon, J.-B. Bourlier et Laurent Aubin, 1675, 1 vol. in-12. — Les Borel-Ponçonas, quoique beaux-frères de Claude de Brunel, avaient, pendant les guerres religieuses, servi la cause catholique.

(²) Actes du 29 novembre 1663, reçus Patras.

(³) Ces dictées existent encore dans le Carnet d'écolier d'Antoine, et ce qui prouve qu'elles ont été faites en Hollande, c'est que le maître ne trouvant pas dans sa mémoire de mot latin pour rendre l'expression française *fil d'archal*, le traduit par un mot de la langue néerlandaise: *draat* (en allemand *draht*). Je ne doute pas qu'il n'y eût profit pour l'histoire de la grammaire française à publier ces dictées.

Il commença également la théologie, mais au lieu de se faire ministre, à l'exemple de plusieurs de ses proches, il s'engagea dans les troupes du stathouder Frédéric-Henri. La paix de Munster ayant laissé sans occupation l'armée des Etats, Brunel en profita pour aller, suivant ses expressions, étudier le monde en la vraie et grande école qui est le voyage ([1]). Les ressources fort modestes du jeune capitaine-lieutenant ne lui permettaient guère, il est vrai, des études aussi ruineuses, mais il avait eu la bonne fortune de faire connaissance avec une des familles les plus considérables des Provinces-Unies, et c'est aux frais de cette famille opulente qu'il allait entreprendre ses longs voyages.

Cornelis van Aerssen, seigneur de Sommelsdyck ([2]), colonel de cavalerie et gouverneur de Nimègue, passait pour le plus riche particulier de la Hollande. Il était fils du fameux François Aerssen, cet habile diplomate, que le cardinal de Richelieu, bon juge en pareille matière, considérait comme un des hommes d'Etat les plus entendus de toute l'Europe et mettait sur la ligne du grand chancelier de Suède, Axel Oxenstiern ([3]). Cornelis avait lui-même, avec de la valeur et de l'expérience dans la guerre, beaucoup d'esprit et de lumières politiques ([4]).

([1]) *Voyage d'Espagne*, éd. Ch. de Sercy, p. 3.

([2]) Entre les manières diverses d'écrire ces deux noms, j'ai choisi pour *Aerssen* celle qu'a suivie Saumaise dans ses épîtres latines, et pour *Sommelsdyck* (*Dijk* en hollandais signifie *digue*), l'orthographe adoptée par François de la Plaate dans le manuscrit de son *Voyage d'Italie*, f° 101.

([3]) Wicquefort, *de l'ambassadeur*, tome II, p. 245.

([4]) Basnage, *Ann. des Provinces-Unies*, 1719, t. I, p. 209.

Tous ces avantages lui permettaient de prétendre à tout pour lui-même et pour ses enfants, mais il avait eu le malheur de se compromettre dans l'entreprise du jeune stathouder Guillaume II sur la ville d'Amsterdam (¹), et n'avait, après la mort prématurée de ce prince dont il était le confident, et l'abolition du stathoudérat, échappé qu'avec peine à l'accusation portée contre lui par la province de Hollande (²). A la suite de cette disgrâce, il ne lui restait plus qu'à se faire oublier ; aussi, pour laisser aux passions, déchaînées contre sa maison et son parti, le temps de se calmer, il résolut d'envoyer son fils aîné, François d'Aerssen, seigneur de la Plaate, dans les pays étrangers. C'était l'usage dans les familles riches de faire voyager leurs enfants pour achever leur éducation, mais la plupart se contentaient de leur faire visiter la France et l'Angleterre (³). M. de Sommelsdyck avait de bonnes raisons pour permettre à son fils une excursion plus longue et plus lointaine ; il décida donc que le jeune homme, après avoir vu la France et l'Allemagne, passerait en Italie et en Espagne et reviendrait par l'Angleterre. Avec le seigneur de la Plaate, dut partir un de ses cousins, Justin de Nassau, qui par sa mère, Marie de Sommelsdyck, appartenait à la famille Aerssen, et par son père Guillaume Maurice, descendait de Guillaume le Taciturne, fondateur de la liberté des Provinces-

---

(¹) « L'attentat du siége d'Amsterdam » , *Mém. de la famille et de la vie de Mme****, à la Haye, 1710, in-8°, p. 242.

(²) Basnage, 1, p. 173 et 209 ; Leclerc, *Hist. des Pays-Bas*, p. 282.

(³) Temple, *Remarques sur l'Estat des Provinces-Unies des Païs-Bas faites en l'an* 1572. La Haye, 1679, in-12, p. 156, ch. IV.

Unies(¹). Antoine de Brunel accompagna les deux jeunes gens, avec le titre de gouverneur de M. de Nassau (²).

Les trois voyageurs partirent en 1651, séjournèrent en France pendant une partie de l'année 1652 (³), et passèrent en Allemagne, d'où ils descendirent en Italie au printemps de 1653. Ils visitèrent d'abord Venise, puis se rendirent à Rome pour y voir les fêtes de Noël et y restèrent jusqu'à celles de la Semaine-Sainte. Ils firent ensuite une pointe jusqu'à Naples et revinrent dans la ville éternelle, pour y regagner la France par Florence, Livourne, Gênes et Nice. Ils avaient fait en Italie un séjour de dix-huit mois.

Ce fut au commencement de novembre 1654 qu'ils passèrent le Var; ils visitèrent successivement Antibes, Marseille, Aix, Avignon et Nîmes et vinrent attendre à Montpellier (⁴) le second fils de M. de Sommelsdyck, Cornelis de Aerssen, qui fut plus tard assassiné par les soldats de la colonie de Surinam (⁵).

(¹) Moreri, éd. 1732, tome V, p. 224, au mot *Nassau*.

(²) M. Haag, qui doit prendre ce renseignement dans La Chesnaye Desbois, dit, *France protestante*, t. III, p. 3, qu'Antoine fut gouverneur du prince de Nassau : le manuscrit du Voyage d'Italie que j'ai entre les mains montre à quel prince de Nassau s'applique cette expression vague.

(³) Brunel était en France le 28 juin 1652. Son père lui donne procuration pour assister au mariage de son frère François avec Anne de Jaucourt. (Act. Patras de 1652.) — Le mariage projeté ne paraît pas avoir eu lieu. Voir MM. Haag, la *France protestante*, tome VI, p. 54 au nom de *Jaucourt*.

(⁴) *Voyage d'Espagne*, p. 1.

(⁵) La Martinière, *Dict. géogr.*, t. V, p. 723. «M. de Sommerdick, homme violent, et même capricieux.» Mém. de Mme ***, p. 104. —

Après avoir passé l'hiver à Montpellier, nos quatre voyageurs quittèrent cette ville le 6 mars 1655, se rendirent à Toulouse et pénétrèrent en Espagne par Saint-Sébastien. De là, prenant la route qui traverse Vittoria, Burgos et Somo-Sierra, ils se dirigèrent vers Madrid. Arrivés le 9 avril dans cette capitale, ils y demeurèrent jusqu'au 17 juin, et n'en sortirent que pour aller visiter, dans le voisinage, les maisons royales de l'Escurial et d'Aranjuez. Quand approcha l'été, fuyant devant la rigueur du soleil espagnol, ils revinrent par un autre chemin vers les Pyrénées, passèrent par l'Aragon et la Navarre et rentrèrent en France par le défilé de Roncevaux et St-Jean-Pied-de-Port, au mois de juillet 1655. A partir de ce moment, l'on perd de vue l'itinéraire de nos voyageurs. Justin de Nassau qui, pendant son séjour en Italie, avait été presque continuellement atteint d'hypocondrie (¹), mourut en France de la petite vérole (²). François de la Plaate, voulant passer d'Angleterre en Hollande, se noya pendant la traversée (1659) (³) et, des trois cousins, Cornelis fut seul à revoir sa patrie : encore était-il destiné, comme tous ses compagnons de voyage, à périr d'une fin tragique.

«M. de Sommerdik se donnait tout entier à la débauche des femmes et du vin », p. 107. «Continuant ses désordres et ses emportements, il fut assassiné par ses propres gens, joints aux naturels du pays», *ibid.*, p. 111.

(¹) *Voyage* manuscrit *d'Italie*, passim.
(²) Moreri, V, p. 224.
(³) M. Guizot, *Biogr. Michaud*, art. *Aarsens*.

II.

Brunel était encore en 1662 au service des Etats (¹), mais il le quitta bientôt pour veiller de plus près à ses intérêts domestiques. C'était par nature un homme actif, prudent et résolu : et de son long commerce avec les Hollandais il avait pris quelque chose de leur économie et de leur ténacité proverbiales. Il n'avait point encore vingt-cinq ans qu'il avait déjà des épargnes, de sorte qu'avec sa petite fortune, son *pécule castrense*, comme on disait dans nos pays de droit écrit, il avait pu venir en aide à sa famille (²). Grâce aux secours d'argent qu'Antoine faisait passer en Dauphiné, Jean de Brunel avait fait honneur à ses affaires, payé ses dettes, soutenu ses procès, pu dégager et racheter pièce à pièce la terre de Saint-Maurice-en-Trièves, démembrée depuis plus d'un siècle (³). Cet absent était ainsi devenu l'honneur et l'appui de ses vieux parents, et pour témoigner à ce bon fils toute leur reconnaissance, Jean de Brunel et Madeleine de Soison, commencèrent par l'émanciper en 1658 et finirent par le choisir pour héritier (⁴), à

(¹) Jean de Brunel, son père, le dit dans cet acte, reçu Patras, 27 septembre 1662.

(²) Même acte.

(³) Jean de Brunel relate tous ces faits dans cet acte du 27 septembre 1662, reçu Patras, notaire à Grenoble, dans lequel il donne à son second fils qu'il avait émancipé en 1658 la terre de Saint-Maurice.

(⁴) Actes du 29 novembre 1663, reçus Patras.

l'exclusion de leur fils aîné qui, depuis si longtemps, tourmentait et déshonorait leur vieillesse.

En quittant l'armée des Pays-Bas, Antoine rentra-t-il simplement dans la vie privée? c'est un point sur lequel les documents que j'ai pu consulter ne fournissent aucune lumière. Mais s'il est le héros d'une anecdote littéraire dont j'aurai à parler bientôt, il prit du service en France et fut reçu parmi les chevau-légers de la garde. C'était un corps qui faisait partie de la maison militaire du roi et dans lequel on servait par quartier [1]. En y entrant, Antoine de Brunel pouvait donc avoir des loisirs pour s'occuper aussi de ses affaires domestiques. Ce qui paraît sûr, c'est que vers cette époque il se fixa pour quelque temps à Paris, et qu'il était établi dans cette ville, quand à l'âge de quarante-deux ans il songea à se marier. Par contrat, passé le 20 mars 1665, il épousa Uranie Justel, fille d'un savant célèbre, ancien secrétaire du roi, maison et couronne de France. A l'occasion de ce mariage, ses parents lui abandonnèrent l'usufruit de la terre de Saint-Maurice [2], et il prit toujours dorénavant le nom de cette seigneurie.

Tous ces arrangements ne faisaient pas perdre de vue à Brunel le souvenir de ses longs voyages. Comme il avait en sa possession non seulement ses notes particulières, mais encore celles de François Aerssen, il en tira, vers 1657, une relation du voyage d'Espagne, destinée seulement à ses compagnons pour leur « servir

---

[1] Voir l'*Etat de la France* de 1677, t. I, 231.

[2] Le contrat, passé à Paris le 20 mars 1665, est mentionné dans la procuration pour ce mariage donnée par Jean de Brunel, le 8 avril 1665 (reçue Patras).

de mémoires d'une partie de cette vie qu'ils employaient depuis six ans à étudier le monde (¹). » Mais François et Justin étant morts, Cornelis retourné en Hollande, Brunel ne voulut pas garder son travail pour lui seul : il montra son manuscrit à quelques intimes. Ceux-ci prirent plaisir à ce récit et en tirèrent des copies qui se multiplièrent. Deux amis de Brunel, Choart, trésorier de France, et Henri Justel, secrétaire du roi et amateur éclairé dont le cabinet et la science étaient à la disposition de tous les beaux-esprits (²), voyant le succès de cette relation manuscrite, la firent imprimer chez Ch. de Sercy (³) sans en nommer l'auteur. Le livre eut immédiatement deux éditions et fut presque aussitôt réimprimé à Cologne, à Bruxelles et à la Haye. Mais tandis qu'en France et surtout en Dauphiné le nom du véritable auteur transpirait, à l'étranger, l'ouvrage était attribué, tout d'une voix, à François de Sommelsdyck.

Brunel ne semble pas avoir fait de démarches pour

(¹) *Voyage d'Espagne*, p. 3.

(²) C'est le témoignage que lui rend Ancillon, cité par MM. Haag, VI, 115. Justel devint en 1665 le beau-frère d'Antoine de Brunel qui épousa sa sœur Uranie.

(³) Charles de Sercy promit six cents livres pour le manuscrit. Il paraît avoir voulu faire, en l'imprimant, concurrence à son confrère Claude Barbin, qui avait fait enregistrer le 19 juillet 1664 un privilége pour une « Relation d'un Voyage d'Espagne, où est exac-
» tement décrit l'Estat de la cour de ce royaume et de son gouver-
» nement ». Barbin associa à ce privilége Louis de Billaine, et tous deux achevèrent de l'imprimer le 19 juillet 1664. (V. Bibliothèque nationale O, 625.) Sercy prit le privilége pour le Voyage d'Espagne curieux, historique et politique, le 3 octobre 1664, et acheva de l'imprimer le 8 janvier 1665. Il le dédia à Mademoiselle, fille de Gaston.

réclamer la paternité de son œuvre : seulement, sur la garde d'un des exemplaires que lui avait remis le libraire Sercy, il écrivit la déclaration suivante : « Je Messire Antoine de Brunel, chevalier, seigneur de Saint-Maurice, Soison, Saint-Didier et autres lieux, suis auteur de cette relation et voyage d'Espagne que j'y fis en 1655, etc. (¹).

Cette déclaration serait au besoin confirmée par le témoignage de Guy-Allard dans sa *Bibliothèque du Dauphiné* (²), et par cette note, mise par un conseiller du Parlement, M. de Veynes, sur un autre exemplaire de l'édition in-4° de 1665 : « *dono authoris* M. de Brunel, seigneur de Saint-Maurice (³). »

(¹) « Je Messire Antoine de Brunel, chevalier, seigneur de Saint-Maurice, Soison, Saint-Didier et autres lieux, suis auteur de cette relation et voyage d'Espagne que j'y fis en 1655 et en ayant presté mon manuscript en 1664, à M. le marquis de Poigni et au sieur de Lorme à Paris, ils en prindrent une copie qui ayant couru elle tomba entre les mains du sieur Choart, trésorier de France, et du sieur Justel, qui la firent imprimer.

Du depuis il a esté imprimé à Cologne et à Bruxelles : et après à la Haye en Hollande en 1666, et dédié à M. le prince d'Orange : la dédicace est de M. Perrachon, advocat, demeurant à Paris. L'advertissement du libraire au lecteur est de moy.

Sercy, libraire de Paris, qui a imprimé celui-cy, m'en donna quelques exemplaires ayant sceu que j'en estois l'auteur et par là s'exempta de payer le restant de 600 liv. qu'il avoit promis au sieur Choart pour le manuscript. »

(²) Guy-Allard, *Bibliothèque*, 1680, p. 51. — Chalvet, dans l'édition qu'il a donnée en 1797 de la bibliothèque de Guy-Allard, p. 101, omet Antoine Brunel et remplace son nom par celui d'un autre Brunel, seigneur de l'Argentière.

(³) *Ex libris* P. L. de Veynes, *in supr. delphin. cur. consil. dono*

Pourrait-on néanmoins affirmer que la public hollandais se trompait complètement en attribuant à Sommelsdyck le *Voyage curieux*, et Brunel avait-il sur cet ouvrage autant de droits qu'il en réclame? Il est permis d'hésiter quand on se rend compte des relations de Brunel et de Sommelsdyck et qu'on a sous les yeux un journal manuscrit du Voyage d'Italie, fait par ce dernier et resté dans les papiers du seigneur de Saint-Maurice.

Quoique jeune encore à son départ des Pays-Bas, François d'Aerssen ne commençait pas pourtant l'apprentissage de la vie. Il avait déjà porté les armes sous les ordres de Guillaume II, quand ce prince n'était point encore stathouder. Il est vrai qu'il avait alors plus de cœur que de force pour le métier (¹); mais quatre ou cinq ans s'étaient écoulés depuis cette époque au milieu d'événements qui mûrissaient vite les hommes. Solide et réfléchi, plein de ténacité dans le caractère, il était de plus laborieux et appliqué, et ne voyait qu'avec dégoût « la vie oysive, licencieuse et in- » digne d'un honnête homme » que l'on menait en Italie (²). Curieux de monuments et d'antiquités, ainsi que pouvait l'être un jeune homme dont le grand-père

---

authoris M. de Brunel, seigneur de Saint-Maurice. — Ce volume appartient à la bibliothèque de la ville de Grenoble. — Un exemplaire de la Bibliothèque nationale (éd. de Cologne, Pierre Marteau, 1667) portait sur une garde, *par Saint-Maurice*, écrit de la main de M. de Mane fils. Voy. aussi Brunet, *Manuel du libraire*, p. 691, 2ᵉ col.

(¹) *Voyage d'Espagne*, p. 242.
(²) *Voyage d'Italie*.

avait attiré l'illustre Saumaise à l'Université de Leyde (¹), il visitait avec amour et décrivait avec prolixité les palais et les musées ; mais comme il se savait, malgré les orages du temps présent, appelé à conduire les affaires d'un pays libre, il étudiait, avec plus d'attention encore, les mœurs, les institutions et les hommes. Sa noblesse, une des premières des Pays-Bas, l'illustration de son aïeul, dont le npm était en honneur dans toutes les cours (²) le faisaient accueillir partout avec distinction : à Rome, les cardinaux le reconduisaient jnsqu'au dehors de la salle de leurs estaffiers ; à Florence, le grand duc l'invitait à ses chasses. Son mérite personnel (³) achevait de le faire valoir et de le mettre à son aise avec l'aristocratie de toute l'Europe.

Antoine de Brunel ne pouvait assurément prétendre à cette considération.

C'était sans doute un homme de valeur : prévoyant, énergique, décidé, toujours en avant ; lorsqu'il s'agissait de tenir tête aux muletiers et aux aubergistes, ou de réclamer justice contre des douaniers ou des employés subalternes, il était alors le personnage indispensable et la providence des jeunes seigneurs, un vrai « valet de voiturin, *moço de mulas*, » comme il s'appelle modestement lui-même (⁴). Mais à la cour des princes, dans les audiences des ministres ou les conver-

---

(¹) *Urgente imprimis Nobilissimo Aerssenio.... Claudii Salmasii epistolarum liber primus, accurante Antonio Clementio, Lugd. Batavorum,* 1656, in-4°, p. xL. Cf. p. 38 et 55.

(²) *Voyage d'Espagne*, p. 232.

(³) *Voyage d'Espagne*, p. 180.

(⁴) *Voyage d'Espagne*, p. 12.

sations avec les ambassadeurs, il s'effaçait naturellement pour laisser le premier rang à M. de la Plaate. Voilà pourquoi je ne suis point éloigné de croire qu'en rédigeant le Voyage curieux il avait plutôt sous les yeux les notes de son noble compagnon que les siennes, et qu'il n'a guère fait que mieux disposer le journal d'Aerssen (¹), le diviser par chapitres et, ce qui ne serait pas un mince mérite, lui donner une allure plus correcte et plus française.

On en jugerait mieux si l'on avait encore ce journal, mais il a malheureusement disparu, et de toutes les relations écrites par Sommelsdyck pendant ses longues pérégrinations en Europe, il ne reste plus que celle qu'il a faite pendant son voyage d'Italie. Encore n'en avons-nous qu'une partie, et le cahier qui la contient, et auquel il manque seulement un feuillet, est-il la suite de plusieurs autres et demande-t-il lui-même une continuation. Il commence en effet au milieu d'une phrase et du palais Borghèse et laisse l'auteur au milieu d'une autre phrase et dînant à Lunel sur le chemin de Nîmes à Montpellier.

III.

Tout incomplète que soit pourtant cette relation d'Italie, elle ne manque pas d'intérêt et ne mérite pas

---

(¹) Je ne dois pas dissimuler pourtant que Brunel prétend avoir pris des notes lui-même : « Je commençay à charger mes tablettes de remarques.... Je veux faire ici un extrait de tout ce que j'ai couché sur divers brouillars pendant notre séjour à Madrid. » *Voyage d'Espagne*, p. 2.

d'être confondue avec les descriptions banales que tant de fils de famille, au retour de leurs voyages, ont cru devoir à la postérité. La Plaate est possédé du désir de voir et de connaître : sérieux, calme et formé, bien que jeune encore, par les exemples et les leçons domestiques, à regarder les choses en homme d'Etat plutôt qu'en simple curieux, il observe avec attention et ne croit pas connaître les cours des princes pour les avoir vu manger ou monter à cheval (¹). Sans doute comme Hollandais et calviniste, il montre peu de sympathie pour l'Italie et la religion catholique et s'exprime parfois avec une crudité singulière sur le pape et les cardinaux qu'il accuse de « faire furieusement les rogues sur leur fumier (²); mais il ne faut pas le condamner sur cette indécente liberté de langage, car il juge en général assez sainement l'état des choses. Ses informations sont d'ordinaire prises à de bonnes sources et, par exemple, ce qu'il raconte sur l'élection d'Innocent X se trouve conforme dans les circonstances essentielles au récit que fera plus tard Vanel, l'historien montpelliérain des Conclaves (³). Le tableau de la cour du vieux pontife et des exactions de Mme Olympia se ressent bien un peu des commérages de Rome ; mais ces anecdotes ainsi recueillies sur place et pour ainsi dire au jour le jour, avec trop de complaisance peut-être, démontrent clairement que l'abbé Gualdi, dans la *Vie d'Olympia* (⁴), Gregorio

---

(¹) *Voyage d'Espigne*, p. 89.

(²) *Voyage d'Italie*, feuillet 33.

(³) *Histoire des Conclaves depuis Clément V jusqu'à présent*, 3ᵉ éd., Cologne. 1703, in-8°. tome II.

(⁴) On trouve, par exemple, dans le manuscrit d'Aerssen, l'his-

Leti dans le *Nepotismo romano*, n'ont pas tiré seulement de leur imagination satirique les historiettes plus ou moins scandaleuses dont ils ont grossi leurs livres.

Une de ces anecdotes peint assez bien la parcimonie d'Innocent X, parcimonie excessive dont conviennent les historiens, même les plus favorables à ce pontife, mais qu'ils attribuent à son désir d'abolir l'impôt de la mouture, ce pesant fardeau dont l'Italie ne peut, à ce qu'il paraît, se débarrasser jamais (¹). Un jour le pape demande à son barbier combien il gagne chaque année, le barbier lui conte bonnement ses affaires et ajoute qu'outre ses gages, il a encore cent écus pour l'aiguisement de ses rasoirs. Comment! lui dit le pape, cent écus pour l'aiguisement des rasoirs, c'est un argent que vous ne pouvez prendre en bonne conscience, puisque nous nous faisons faire la barbe avec des ciseaux. Cent écus par an et dix ans de pontificat font mille écus en tout ; allez porter cette somme à la banque du Saint-Esprit, car, en bonne conscience vous n'en pouvez jouir, et le bon homme est ainsi contraint de rendre gorge.

Il y a dans le manuscrit de Sommelsdyck plusieurs autres traits de ce genre qui mériteraient d'être cités à titre de renseignements contemporains sur l'état de la cour romaine pendant la dernière année du pontificat d'Innocent X (²) ; je me contente de noter en passant

---

toire de la médaille injurieuse, envoyée par l'empereur au cardinal Panciroli. V. la *Vie de Madame Olimpe Maldachini*, par l'abbé Gualdi. Cosmopoli, par Jean Charray. 1666, in-12, p. 133.

(¹) *In farinæ vectigali extinguendo*. Ciacc. col. 661.

(²) Ainsi le portrait du pape, la disgrâce du cardinal Astalli, des détails sur les membres du Sacré-Collége, etc.

que les nobles de Rome étaient obligés à une grande prudence, car les neveux du pape avaient toujours l'œil sur eux, attendant la moindre occasion pour mettre la patte sur leurs richesses (¹), et que la justice à Rome était toujours courte et bonne pour les étrangers. Aerssen ajoute qu'elle était exacte et si rigoureuse « qu'un prince seullement qui, la nuict serait allé avec des pistolets, perdroit sans doute ou tous ses biens, ou sa vie, et bien souvent l'un et l'autre sans rémission (²). »

Le journal de Sommelsdyck n'est pas moins intéressant en ce qui concerne Naples et Florence : Naples encore tout agitée de la commotion que venait de lui donner Mas Aniello, Florence où régnait Ferdinand II de Médicis. Le jeune voyageur a vu de près la cour du grand duc et les anecdotes un peu crues qu'il raconte sur la vie privée de ce prince et de tous les membres de sa famille ne sont probablement pas toutes connues. Du milieu de tous ces personnages plus ou moins vicieux se détache la figure honnête de la grande duchesse Victoire d'Urbin, femme de grand esprit, adonnée à l'étude des langues, mais tenue de court et fort malheureuse (³). L'on remarque aussi l'un des frères de Ferdinand, le prince Mathias, dont la bonne mine et les cheveux châtains

---

(¹) *Voyage d'Italie*, feuillet 35 ; « ont tousjours l'œil sur eux et l'on ne souhaite que la moindre occasion pour mettre la patte sur leurs richesses. »

(²) *Ibid.*, feuillet 35 et 36.

(³) Le jugement favorable de Sommelsdyck contraste avec l'opinion commune sur la grande duchesse : « Debola di spirito, altiera, sospettosa e bigotta. » *Compendio della storia fiorentina*, Firenze, 1811, in-8°, p. 331.

avaient, pendant qu'il était en Allemagne, fait une vive impression sur le cœur de la reine Christine (¹).

Sommelsdyck ne borne pas ses observations à la cour; il s'occupe aussi de l'état de Toscane et ses jugements ne sont point, il faut bien le dire, tout à fait favorables au gouvernement de Médicis. Florence lui paraît fort déchue de son ancienne splendeur; la population y décroît à vue d'œil et la dernière peste a moins diminué le nombre des habitants que les exactions du prince. Le commerce, autrefois si florissant, y est presque entièrement éteint, « l'on a peine à s'y habiller et sauf un peu de soie, on y manque de toute espèce de marchandise (²). »

A Pistoie, le journal d'Aerssen relève un joli mot sur la noblesse florentine : « Que, peut faire un pigeon à qui on a coupé les ailes (³). » A Gênes, il note un fait qui met dans tout son jour l'esprit mercantile des Génois de toutes les classes ; un Spinola qu'on vient de nommer ambassadeur de la République à la cour de France, emporte plus de vingt mille écus en point de Gênes, pour les vendre lorsqu'il sera à Paris (⁴).

Il serait facile d'extraire du manuscrit d'Aerssen beaucoup d'autres renseignements curieux, non-seulement sur les Italiens, mais encore sur un grand nombre d'étrangers que l'auteur a rencontrés pendant son voyage. Car tous ceux que les affaires ou le plaisir appellent en Italie rendent visite au jeune Sommelsdyck et

---

(¹) *Voyage*, feuillet 74.
(²) *Ibid.*, feuillet 81.
(³) *Ibid.*, feuillet 102, verso.
(⁴) *Ibid.*, feuillet 120.

les Français plus que tous les autres. Le comte de Rochefort, un Corbinelli qui est peut-être le fidèle Achate de Mme de Sévigné, le duc de Luxembourg, de la maison d'Albret, pauvre imbécile que sa famille avait fait ordonner diacre pour l'empêcher de se marier (¹) et qui allait à Rome pour faire rompre ses vœux ; bien d'autres encore figurent dans le journal avec des détails qu'il serait peut-être utile de recueillir.

Malheureusement ces notes de voyage sont écrites sans aucune espèce d'art. Le style en est prolixe, incorrect et grossier, et si parfois l'expression ne manque ni de sel ni d'énergie, elle est trop souvent rude et brutale. Quoi d'étonnant ! l'auteur est étranger ; il écrit au fur et à mesure, et pour ainsi dire, au hasard de la plume. Et puis, il faut le reconnaître, en 1654, deux ans avant les Provinciales, la délicatesse et le bon goût ne dominent guère, même en France, et, malgré les louables efforts des Précieuses et de l'Académie, la grammaire et Vaugelas ne savent pas encore régenter les rois.

IV.

Quand Antoine de Brunel revit ses brouillons et ceux de Sommelsdyck pour rédiger le Voyage d'Espagne, le goût commençait à devenir plus exigeant, sans être encore trop sévère. On ne supportait plus les termes trop crus et trop hardis, les mots rudes à l'oreille et qui

---

(¹) Saint-Simon, *Mém.*, édition Chéruel, in-12, tome 1, pp. 80 et suiv.

puaient l'ancienneté ; néanmoins l'on n'avait pas encore trop peur du mot propre, et si Boileau nommait un chat un chat, Molière désignait un mari trompé comme l'auraient fait Marot ou Rabelais.

Le Voyage curieux a les caractères de cette époque de transition. On y reconnaît le travail d'un écrivain qui s'efforce, autant que peut le faire un provincial, élevé dans les Pays-Bas et longtemps éloigné de la Cour, de gagner « l'estime des honnêtes gens» ([1]) par la politesse et l'agrément du langage ; tandis que, des termes grossiers ou surannés, des anecdotes un peu scabreuses, des constructions pénibles ou négligées, trahissent à chaque pas la composition primitive écrite à l'ancienne mode et sans gêne.

Malgré ces défauts, l'ouvrage eut un grand succès et piqua vivement la curiosité, non-seulement en France, mais encore à l'étranger. On y joignit même, dans les éditions de Cologne et de Hollande, des pièces d'une autre main et, par exemple, une relation de Madrid faite à ce qu'il paraît par un certain Alcide de Bonnecasse de Saint-Maurice ([2]), et qui avait été déjà publiée séparément à Cologne, au moment où le Voyage curieux paraissait à Paris. Mais quel étrange contraste entre les deux ouvrages ! L'auteur, ou les auteurs du Voyage, étaient des hommes sérieux qui cherchaient les renseignements les plus sûrs et qui, pendant leur séjour en Espagne, avaient été constamment en rapport avec de

---

([1]) *Voyage d'Espagne, Epistre à Mademoiselle.*

([2]) Barbier, *Dict. des ouvrages anonymes et pseudonymes*, 2ᵉ édition, 1822-1827, *table des auteurs*, tome IV, au mot *Saint-Maurice*.

grands personnages, soit Espagnols, soit étrangers. On ne saurait dire qu'ils admirent l'Espagne, car ils la montrent en pleine décadence, mais ils n'écrivent point en satiriques emportés et savent apercevoir le bien à côté du mal. Alcide de Bonnecasse témoigne au contraire une haine enragée contre les Espagnols, de sorte que sa relation ou plutôt la caricature cynique et calomnieuse à laquelle il veut bien donner le nom de relation, peut se résumer par ces mots, les seuls à peu près que l'on ose citer : « Tout ce que l'Espagne a de plus poli et de meilleur ne vaut pas le plus rude, ni le plus mauvais d'Allemagne (¹). » C'est un esprit frivole, qui aime le scandale et prodigue les pointes, mais les pointes à figurer dignement dans le *Cabinet satirique*. Telle n'est pas l'œuvre de notre Saint-Maurice, et si des traits trop vifs et trop lestes y défraient quelquefois la curiosité, c'est à tout prendre un livre grave, où domine l'amour de la vérité et de la justice.

L'auteur ne se borne point à railler la malpropreté des hôtelleries, l'effronterie des courtisanes et l'insolence des ouvriers, ou bien la fastueuse inutilité du pont jeté sur le Mançanarès; son regard pénètre plus avant, et, tout en voyant les ressources du pays et les grandes qualités de ses habitants, découvre les causes principales de la décadence espagnole. Si Madrid a tant de petites maisons, c'est que le roi possède un droit sur tous les premiers étages; si la Péninsule est dépeuplée, c'est que la meilleure partie de l'Espagne est aux Indes. Le commerce languit, parce que la politique ombra-

---

(¹) *Relation de Madrid ou remarques sur les mœurs de ses habitants*. A Cologne (à la Sphère), 1665, 47 p. in-12, p. 3.

geuse du souverain rend les richesses craintives et que les monopoles de toute espèce écrasent l'industrie : le royaume est ruiné, mais il manque de manufactures et d'ouvriers ; par suite d'une administration mal entendue, il est seulement le canal par où passe l'or des Indes pour se rendre dans la mer de l'abondance des autres peuples. De sorte que Brunel a le mérite de faire le premier connaître sur l'état de l'Espagne au milieu du XVII° siècle des vérités que les voyageurs qui viendront ensuite achèveront de montrer dans tout leur jour (¹).

V.

Après le grand succès du *Voyage curieux*, pourquoi notre gentilhomme dauphinois s'en tint-il à ce premier ouvrage? Pourquoi n'essaya-t-il pas de mieux revendiquer ses droits sur ce livre ? Lui répugnait-il de se targuer trop haut et en dehors de sa province, d'une œuvre qui n'était pas tout à fait la sienne? Craignait-il de nuire à sa fortune, en avouant à la Cour une relation

---

(¹) M. Weiss, dans son histoire de l'*Espagne depuis le règne de Philippe II jusqu'à l'avénement des Bourbons*, renvoie plusieurs fois au *Voyage curieux* ; il aurait pu sans peine y trouver la confirmation de plusieurs faits à l'appui desquels il cite d'autres relations. Le *Voyage curieux* a précédé les mémoires de Gourville, les dépêches du comte de Rebenac et presque tous les documents sur lesquels M. Weiss a fondé son intéressante histoire. — M. Philarète Chasles, dans ses *Etudes sur l'Espagne*, Paris, Amyot, 1847, se sert également plusieurs fois du *Voyage curieux*, qu'il attribue au hollandais Aarssen, p. 3, 109, 124, 128.

dans laquelle il donnait, un peu sournoisement, il est vrai, quelques coups de patte à l'église catholique? Ou bien encore cherchait-il une gloire plus solide et plus digne d'un homme de qualité que celle de faire travailler les imprimeurs? Il vivait pourtant dans un milieu lettré, comme le prouve la liste de ceux qui prirent part à la publication de son voyage. Le trésorier Gabriel Choart, conseiller du roi en tous ses conseils (¹), s'occupait à la fois des finances et des choses de l'esprit ; le marquis de Poigny, que Brunel avait connu dans la garde où il était un des deux guidons des gendarmes (²) semble avoir été curieux de livres nouveaux: Thomas de Lorme appartenait à une famille qui aimait les gens de lettres (³) ; l'avocat Marc Perrachon, traducteur d'Alexandre Morus (⁴), devait plus tard faire partie de l'Académie des Inscriptions. Enfin Henri Justel, qui devint le beau-frère d'Antoine, se servait de ses fonctions pour procurer des priviléges à ceux qui voulaient imprimer leurs œuvres, et sans être auteur lui-même, tenait une sorte d'Académie de beaux-esprits. « Il se faisait chez
» lui, nous apprend Ancillon, une assemblée de gens
» doctes qui s'entretenaient de tout ce qu'il y a de beau,
» de curieux et de solide dans toutes les sciences et sur-
» tout dans la belle littérature (⁵). » Mais là ne se bor-

(¹) Gabriel Choart, seigneur des Brosses et ensuite de Magny, fut nommé en février 1661 conseiller du roi en tous ses conseils d'Etat et privés et des finances. La Chenaye-Desbois, V, 638.

(²) *Etat de la France*, 1677, t. I, p. 228.

(³) V. la *France protestante* au mot *Lorme*, VII, 133.

(⁴) Bayle, *Dict. hist. et crit.*, art. *Alexandre Morus*; *dict. biogr.* à la suite du dict. de Richelet, éd. de Lyon, 1728, 3ᵉ vol.

(⁵) Haag, *France protest.*, t. VI, p. 115.

naient pas les relations de Saint-Maurice, et si je ne suis point trompé par une ressemblance de nom toute fortuite, il avait parmi les hommes de lettres un ami autrement illustre que Justel ou même l'avocat Perrachon. Je veux parler de Boileau, qui publiait alors ses premières satires. Ce fut même, selon toute apparence, Brunel qui le premier mit le poète en rapport avec Louis XIV. On était en 1667. Despréaux venait d'imprimer sa satire sur l'homme, et tenait en portefeuille celle qu'il adresse à son esprit. La première faisait grand bruit à la Cour comme à la ville, et Louis XIV lui-même en parlait avec de grands éloges. Saint-Maurice, qui servait dans les chevau-légers, avait alors le privilége d'approcher de la personne du prince auquel il montrait à tirer au vol. Il l'entendit un jour vanter la satire sur l'homme et prit la liberté de lui dire que l'auteur en avait fait une autre, beaucoup plus belle, dans laquelle il parlait de Sa Majesté. Le roi lui dit fièrement, mais avec quelque surprise : Il y parle de moi, dites-vous. Oui, Sire, répondit Saint-Maurice, mais il en parle avec tout le respect qui est dû à Votre Majesté. Le prince voulut la voir ; Brunel en demanda une copie à l'auteur « qui était de ses amis. » Cette copie fut montrée par le roi lui-même à quelques courtisans qui la copièrent et la répandirent, et « ce fut ainsi, dit Boileau, que de la main du roi même, cette pièce a passé dans les mains du public [1].

---

[1] *Œuvres de Boileau*, éd. Saint-Marc, Amsterdam, 1775, tom. 1, p. 181 et 182. — Je penche fort à croire que Brunel est le héros de cette anecdote : deux raisons m'empêchent de l'affirmer : 1° aucun document ne le qualifie de chevau-léger ; 2° le nom de l'ami de Boileau est écrit Saint-Mauris et non Saint-Maurice.

Ce commerce d'Antoine avec un poète célèbre ne le décida pas à composer lui-même de nouvelles œuvres. Depuis la publication de son Voyage, on ne le voit plus, soit à Paris, soit en Dauphiné, qu'occupé de ses affaires. Il consacre désormais ses soins et ses veilles à réunir toutes les parties de sa terre de Saint-Maurice, à plaider devant toutes les juridictions et avec tout le monde. Personne mieux que lui ne peut faire comprendre tout ce qu'il y a de réel dans les fameux plaideurs de Racine, M. Chicaneau et Mme la comtesse de Pimbesche. Il a des discussions d'intérêt et des procès avec tout l'univers : avec sa mère, avec sa sœur Louise, avec son frère François, cet Esaü qu'il a, comme un autre Jacob, évincé de son droit d'aînesse, avec son cousin maternel, M. de Soison, avec son apothicaire de Mens, dont il ne veut pas payer les parties[1]; avec les secrétaires du Parlement de Grenoble ; avec ses vasseaux et ses tenanciers ; avec toutes les communes de son voisinage. Le carnet d'écolier qui lui servait en Hollande à copier ses leçons de grammaire et ses analyses, ou bien à résumer les controverses de Robert Baronius contre Turnebettus, est rempli, dans tous les blancs qui restaient, de quittances de loyers, de notes de blanchissage et surtout des mémoires des sommes et des sacs remis à ses avocats et à ses procureurs [2].

Pour augmenter encore ses embarras, après la mort de sa première femme, Uranie Justel, il s'est avisé de

---

[1] *Inventaire de l'Isère*, B., 1343.
[2] On trouve aussi dans ce carnet une note de dépenses faites pour le compte du président de Valbonnais. — Une perruque.

se remarier le 9 janvier 1677 avec Louise de Jaucourt, fille du baron d'Espeuille. Elle avait à peine 23 ans, tandis que lui-même en avait bientôt 55 (¹). Quelle nouvelle source de procès pour un homme qui ne peut s'en passer ! Aussi ne tarda-t-il pas à plaider avec son beau-père, et un moment même avec sa femme, dont la vie, du reste, se passa en grande partie loin de lui, à Grenoble, où elle demeurait d'ordinaire ainsi que ses filles.

Comment cet infatigable chicaneur aurait-il eu le temps de songer aux lettres? On le voit bien, en 1674, présenter au Dauphin l'histoire abrégée de Chorier (²); mais Nicolas Chorier, avocat de quelque renom en même temps qu'historien, assistait Brunel dans ses affaires du Dauphiné (³) : le servir à la Cour, c'était en quelque sorte le récompenser de ses bons offices à Grenoble.

Au milieu de tous ses procès, Antoine de Brunel vit à peine arriver la révocation de l'édit de Nantes. Tandis que ses parents et ses voisins de campagne émigraient pour la cause que leurs grands pères avaient fait triompher avec leurs vaillantes épées, Antoine s'occupait à terminer ses différends avec son frère. Par une transaction qu'on dirait tirée des *Plaideurs*, François de Brunel, logé et nourri, s'engageait, moyennant « une bonne

---

(¹) La Chesnaye Desbois, tom. IV, col. 382.

(²) Nicolaï Chorerii *adversariorum libri* III, publié pour la première fois par M. Ludovic Vallentin, p. 138 du tirage à part, traduit plus tard par M. Crozet (*Bullet.* de l'Acad. Delph, tom. III, 3ᵉ série, p. 523).

(³) Chorier figure comme témoin de Brunel dans un acte du 11 oct. 1681, reçu Patras.

chambre bien meublée et bien tapissée, avec un bon lit et deux cents livres pour ses menus plaisirs » à ne plus plaider de sa vie (¹).

Saint-Maurice paraît avoir passé en partie dans le Dauphiné les années de triste mémoire où s'accomplit la Révocation. Plusieurs de ses proches furent punis de mort pour avoir essayé de quitter la France ; ceux qui restaient dans le Trièves subissaient la tyrannie de l'intendant ; des dragons rouges logés chez eux, à leurs dépens, jusqu'à ce qu'ils eussent fait leur devoir, c'est-à-dire fréquenté les sacrements, commettaient dans leurs maisons des rapines et des violences presque toujours impunies (²). Brunel ne voulut néanmoins ni sortir du royaume, ni s'engager dans une démarche contraire aux ordonnances de Sa Majesté. Il paraît même avoir fait ses devoirs de bon catholique : au moins présenta-t-il à l'Eglise un de ses enfants, pour qu'il y reçût le baptême (³).

(¹) Accord de 23 janvier 1685, reçu Baile, notaire à Saint-Maurice-Lalley.

(²) Les registres des délibérations de Mens contiennent de nombreux renseignements sur les dragonades avant comme après la révocation. Les dragons, « pour les conversions, » se retirèrent à la fin d'octobre 1685, c'est-à-dire après la promulgation de l'édit de révocation, mais ils y revinrent le 19 novembre (*Registre* n° 41) ; le 26 mai 1686 arrive une nouvelle compagnie de dragons rouges avec ordre de loger « sur tous les abitans de Mens jusqu'à ce que les chacun des dis abittans aye fait son devoir, savoir qu'ils se confesseront est frequenteront les sacrements comme le souette Sa magesté. »

(³) Le 16 mars 1687, sa fille Marguerite Uranie est baptisée en sa présence. (Registres des baptêmes, etc. de la paroisse de Saint-

Au fond du cœur, il restait fidèle à la foi protestante : il le montre bien dans un testament secret que n'aurait certainement voulu recevoir aucun notaire, mais dont le brouillon, plein de ratures et de surcharges, existe encore dans son Carnet : « J'adore, écrit Brunel dans ce
» témoignage intime de ses dernières volontés, les ju-
» gemens impénétrables de mon Dieu qui, m'ayant fait
» naître dans son église réformée des dogmes intro-
» duits dans la Religion par des ecclésiastiques qui, par
» avarice et ambition, ont tourné le culte en trafic, lui
» ont donné de la matière du corps et de l'extérieur
» pour en tirer du tribut et du péage, a permis que la
» profession de son culte purement spirituel fût esteinte
» parmi nous par un juste châtiment de la tiédeur et
» du relâchement que nous avions pour son saint ser-
» vice ; j'implore les miséricordes de mon Dieu sur
» moy, sur ma famille et sur tout un grand peuple que
» l'artifice, la violence et la perfidie ont contraint à
» faire de fausses démarches vers un culte où tu n'es
» pas servi en esprit et en vérité. J'adjure au nom de
» Dieu et pour leur propre salut ma veuve et mes en-
» fants de s'attacher uniquement à la saine et sainte
» doctrine de la parole de Dieu qui, par la grâce et la
» force du Saint-Esprit, leur donnera de croistre de
» foi en foi, accomplira sa vertu en leurs infirmités et

Maurice 1653-1714. Arch. Comm. de Lalley). Cette fille ne figure pas dans la liste des enfants de Brunel, donnée par La Chesnaye Desbois. Du reste, elle avait dû naître avant 1687, puisqu'au témoignage de la Chesnaye, Marie-Anne, autre fille d'Antoine, serait née le 7 février de cette même année. Elle était morte à l'époque du testament ci-après.

» versera dans leur cœur sa divine lumière, en atten-
» dant que le soleil de justice dissipe les nuages de l'in-
» vention humaine dont Rome a chargé la Religion
» pour s'en faire un empire, un tribut et des sujets dans
» les estats d'autruy, ou que par quelque autre voye
» connue à lui seul, il fasse resplendir sa vérité toute
» pure par le restablissement des églises qu'il s'était
» assemblées dans ce royaume. Et parce que la condi-
» tion en est telle aujourd'hui, qu'il est exposé à plu-
» sieurs mouvements par les passions particulières et
» l'humeur audacieuse romaine et charnelle qui règne
» dans l'Etat, j'exhorte ma femme, ma sœur, mes trois
» filles et ceux qui par mariage ou autrement auront
» part en mes biens, de demeurer fermes dans l'obéis-
» sance du Roi et de ses ordonnances, possédant leurs
» âmes en patience, assurés que qui espère en Dieu
» n'est jamais confus. »

Si dans cet acte de volonté suprême, Brunel proteste avec vigueur en faveur de la foi qu'il semble avoir trahie, il ne s'y montre pas moins fidèle aux préoccupations de toute sa vie. Ce vigilant père de famille va au-devant de toutes les causes qui pourraient ramener la gêne et le désordre parmi les siens. Conserver en entier dans la branche aînée de sa maison qui va tomber en quenouille, la terre de Saint-Maurice, relever son nom et ses armes, prévenir toute contestation entre ses héritiers, tels sont les objets de ses prescriptions minutieuses. Il recommande expressément aux siens de se passer de procureurs et d'agents qui, sous prétexte d'administration, vuident la maison ([1]). Il veut pour gendre un

---

([1]) Peut-être pensait-il à Jean Rosheyden, un homme de con-

véritable gentilhomme qui soit seigneur de place, non obéré, joueur, jureur ni ivrogne, sachant combien une femme est malheureuse avec un mari qui a ces mauvaises qualités. »

En 1691, quand il écrivait ce projet de testament, Brunel était à Paris (¹). La nécessité de suivre les procès qu'il avait au Conseil l'avait ramené dans la capitale en 1688. Il y était également appelé par l'emploi qu'il occupait à la Cour. Nous le voyons, en effet, qualifié vers la fin de sa vie de gentilhomme ordinaire de la maison du Roi (²). Mais il ne faudrait pas confondre cette charge avec une autre qui portait le même nom, et dont à la même époque était revêtu Racine. Le corps dont faisait partie l'auteur des *Plaideurs* ne se composait que de 24 membres qui servaient par semestre et devaient « se trouver près de Sa Majesté pour recevoir

---

fiance qu'il avait amené de Bréda et laissé à Saint-Maurice pour y faire ses affaires.—Un autre trait peint bien un vieux plaideur qu'un long commerce avec les gens d'affaires a rendu méfiant: « Elles observeront de ne donner jamais pièces ni actes à ceux qu'elles employeront qu'ils ne s'en chargent, et pour plus de seurté ne leur en donneront que des copies en forme et réserveront toujours les originaux.... »

(¹) « Le 29 novembre 1688, je suis arrivé à Paris chez M. de » Bersigny, quay des Augustins, Hostel Impérial. — Le 1ᵉʳ novem- » bre 1689 il est payé de toute ma pension, celle de mon valet et lo- » gément à 25 escus par mois. A commencer dudit jour 1ᵉʳ novem- » bre 1689 suis convenu avec luy qu'il me diminuera 15 sols par » les repas que je n'y prendray pas. »

(²) Il est ainsi appelé dans son acte de décès. — Un autre acte, résumé dans l'*Inventaire des Archives de l'Isère*, B, 3547, complète l'indication en le nommant : « l'un des cent gentilshommes de la maison du Roi. »

ses commandements » et pendant la guerre « avaient l'honneur d'être ses aides de camp (¹). » La compagnie à laquelle appartenait Saint-Maurice, devait également, un jour de bataille, se tenir auprès de la personne royale, mais c'était surtout un corps de parade. Il se composait de deux cents gentilshommes qui « mar- » chaient deux à deux devant le Roi aux jours de céré- » monie, portant avec l'épée au côté, le bec de corbin » ou faucon à la main (²). » C'est à cause de cette espèce de hallebarde armée d'un crochet et de leur nombre primitif (³) qu'on les appelait plus communément les cent gentilshommes au bec à corbin. Antoine de Brunel assistait, en cette qualité, le 10 mai 1692, au fameux départ de Louis XIV pour le siége de Namur (⁴).

Un arrêt du Conseil qui le renvoyait par-devant le Parlement de Grenoble, le fit revenir en Dauphiné vers la fin de l'année 1694 (⁵). Toujours occupé de contestations et de procès, il était en lutte avec tous ses voisins et se montrait souvent dur et impitoyable pour ses fermiers et ses vassaux. De sorte qu'il inspirait autour de lui la haine et l'effroi. Personne ne fut donc étonné, quand un matin, le 27 octobre 1696, en pénétrant le matin dans sa chambre au château de Saint-Maurice, on le trouva mort sur son fauteuil. Un assassin s'était introduit pendant la nuit et avait frappé le vieillard d'un coup de couteau dans le cœur. Le corps fut gardé quel-

---

(¹) *Etat de la France*, 1677, I, p. 126 à 129.
(²) *Ibid.*, t. I, p. 255.
(³) Ils étaient d'abord 100, puis furent portés à 200.
(⁴) Note de son Carnet.
(⁵) *Ibid.*

ques jours pour permettre des recherches ; mais cette première information n'ayant rien fait découvrir, on l'ensevelit le jour de la Toussaint dans l'église de Saint-Maurice, à côté de ses ancêtres (¹). Dans la suite, des témoins furent assignés pour essayer de découvrir le coupable (²). On procéda même, plus de quatre ans après le meurtre, par voie de récolement contre un maréchal-des-logis de la compagnie de Saint-Giraud, et deux hommes vêtus de drap gris avec parement rouge que l'on accusait du crime (³). Mais toutes ces mesures ne semblent pas avoir abouti, et la mort d'Antoine de Brunel paraît être restée sans vengeance. Quant à ses dernières volontés, elles ne semblent guère avoir été respectées dans sa famille. Sa femme, Louise de Jaucourt, avait passé à de secondes noces et épousé un gentilhomme du Gapençais, Alexandre Gras, seigneur de Prégentil, qui par une singulière rencontre, possédait aussi une terre du nom de Saint-Maurice. Sa fille, Louise de Brunel, qu'il avait instituée pour son héritière, avait dû obtenir une sentence judiciaire pour entrer en possession de tous ses droits (⁴). Et si la troisième de ses filles, Françoise-Armande, avait, en 1703, épousé un nouveau converti comme elle, Pierre Richaud, sieur de Falavaux (⁵), les deux autres paraissent avoir choisi

---

(¹) *Registre de la paroisse de Saint-Maurice.*
(²) *Inventaire des Archives de l'Isère* B, 3547.
(³) *Ibid.*, B. 2240.
(⁴) *Ibid.* B, 3382.
(⁵) *Registres des mariages de la paroisse de Saint-Jean-d'Hérans*, 1703, mariage de Françoise-Armande de Brunel ...... avec sieur Pierre Richaud, seigneur de Falavaux, en présence de Louise de

d'anciens catholiques. La seconde, Marianne, devint, en 1704, la femme de Guillaume Bouvier, lieutenant-colonel du régiment de Vendôme (¹) et semble avoir hérité de l'humeur paternelle. Séparée de biens d'avec son mari, elle soutint plusieurs procès contre les habitants de Bressieux et de Viriville, et comme Antoine, occupa souvent les tribunaux de ses démêlés avec ses proches et ses voisins (²). Sa sœur aînée, Louise-Madeleine, se maria la dernière et devint, le 7 juillet 1713, à l'âge de 35 ans, la femme de Messire Claude Rambaud de Champrenard, aide-de-camp du comte de Médavy (³). La terre de Saint-Maurice, dont elle était héritière et que son père avait, pour ainsi dire, reconquise pièce à pièce, entrait par son mariage dans une nouvelle famille (⁴) et le nom de Brunel disparaissait du Trièves. Quoiqu'une

---

Jaucourt, mère de ladite demoiselle, épouse de Alexandre de Gras, seigneur de Prégentil et de Saint-Maurice. — Dispense de l'ordonnance de six mois pour les nouveaux convertis.

(¹) La Chesnaye Desbois, IV, 382.

(²) *Invent. des Arch. de l'Isère*, B, 2537, 1607, 3414, 3580.

(³) La Chesnaye Desbois, XVI, 761. Louise de Brunel était née le 7 juillet 1678.

(⁴) Claude Rambaud est dit, dans un acte de la paroisse de Saint-Maurice, du 30 oct. 1712, être du diocèse de Lyon. — En trouvant dans la bibliothèque du conseiller Accarias les livres des Brunel confondus avec ceux des Rambaud de Die, je croyais que Claude Rambaud de Champrenard appartenait à cette dernière famille et descendait ainsi d'Antoine Rambaud, si célèbre dans le procès des tailles; mais je n'ai pu établir la filiation, et d'un autre côté La Chesnaye Desbois, XVI, 760, semble faire descendre les Champrenard d'un partisan protestant du XVIe siècle, Jacques Rambaud-Furmeyer, gouverneur de Gap en 1576. — Le père de Claude de Champrenard se nommait François.

rue de Mens le porte encore, Antoine y serait complètement oublié, si quelques lignes placées sur la garde d'un livre, ne m'avaient fait songer à lui rendre au moins la paternité de son *Voyage en Espagne*. Le premier éditeur de cette relation, disait sur le ton emphatique dont on usait alors dans les dédicaces et les avertissements au lecteur : « Le Voyage que son auteur a fait au-delà des » Pyrénées, sera cause qu'il fera le tour du monde, et » qu'il y sera connu de toutes les nations. (¹). » Je suis moins ambitieux pour sa mémoire, et je serais content de mon travail, s'il pouvait seulement la faire revivre dans l'esprit de ses compatriotes.

(¹) *Epistre dédicatoire à Mademoiselle*.

Printed by Libri Plureos GmbH in Hamburg, Germany